MW01490572

Hábitos
de una
Mujer Cristiana

VERSOS, REFLEXIONES, GUÍAS, ORACIONES Y MÁS

POR KEILA VELEZ

Mujer Cristiana

>>> —————————— <<<

La Biblia nos brinda ejemplos de mujeres ejemplares de Dios. De ellas podemos aprender muchas cosas. En este libro exploraremos algunos de los hábitos de una mujer cristiana.

>>> —————————— <<<

ENGAÑOSA ES LA GRACIA, Y VANA LA HERMOSURA; LA MUJER QUE TEME A JEHOVÁ, ÉSA SERÁ ALABADA.

PROVERBIOS 31:30

1

Versículos Para Reflexionar

MUJER EJEMPLAR, ¿DÓNDE SE HALLARA? !ES MAS VALIOSA QUE LAS PIEDRAS PRECIOSAS!

PROVERBIOS 31:10

"Y TODO LO QUE HAGÁIS, HACEDLO DE CORAZÓN, COMO PARA EL SEÑOR Y NO PARA LOS HOMBRES; SABIENDO QUE DEL SEÑOR RECIBIRÉIS LA RECOMPENSA DE LA HERENCIA, PORQUE A CRISTO EL SEÑOR SERVÍS."

COLOSENSES 3:23-24

Se define por Dios

UNA MUJER CRISTIANA NO PERMITE QUE LA CULTURA DEFINA SU IDENTIDAD Y VALOR. ELLA BUSCA LA VERDAD EN LA PALABRA DE DIOS. ELLA ENTIENDE QUE ESTÁ HECHA A SU IMAGEN Y CREADA PARA VERSE EXACTAMENTE COMO LO ES.

ELLA BUSCA EN LA PALABRA DE DIOS RESPUESTAS SOBRE SU DISEÑO Y PROPÓSITO COMO MUJER. ELLA ACEPTA EL DISEÑO DE DIOS EN CUANTO A LOS ROLES DE CADA GÉNERO Y SE ESFUERZA POR VIVIRLOS EN SU VIDA. ES UNA MUJER QUE SE ESFUERZA CONSTANTEMENTE POR SER DEFINIDA POR LA PALABRA DE DIOS Y NADA MÁS.

Y NO ADOPTEN LAS COSTUMBRES DE ESTE MUNDO, SINO TRANSFÓRMENSE POR MEDIO DE LA RENOVACIÓN DE SU MENTE, PARA QUE COMPRUEBEN CUÁL ES LA VOLUNTAD DE DIOS, LO QUE ES BUENO, AGRADABLE Y PERFECTO.

ROMANOS 12:2

Reflexión

Entrega tus debilidades a Dios

ASÍ MISMO, EN NUESTRA DEBILIDAD EL ESPÍRITU ACUDE A AYUDARNOS. NO SABEMOS QUÉ PEDIR, PERO EL ESPÍRITU MISMO INTERCEDE POR NOSOTROS CON GEMIDOS QUE NO PUEDEN EXPRESARSE CON PALABRAS.

ROMANOS 8:26

EL PRIMER PASO ES ACEPTAR QUE NO SOMOS PERFECTOS Y QUE TENEMOS DEBILIDADES. SOLO DIOS ES PERFECTO. SI LE ENTREGAMOS A DIOS NUESTRAS DEBILIDADES EL SE GLORIFICARA EN ELLAS. EN SU GRACIA Y AMOR NOS TRANSFORMA PARA QUE CADA DÍA NOS PAREZCAMOS MAS A LA MUJER QUE EL NOS LLAMA A SER.

PERO ÉL ME DIJO: «TE BASTA CON MI GRACIA, PUES MI PODER SE PERFECCIONA EN LA DEBILIDAD». POR LO TANTO, GUSTOSAMENTE HARÉ MÁS BIEN ALARDE DE MIS DEBILIDADES, PARA QUE PERMANEZCA SOBRE MÍ EL PODER DE CRISTO.

2 CORINTIOS 12:9

Entrega tus debilidades a Dios

Haz una oración para entregarle tus debilidades a Dios y pide que se glorifique en ellas y que te ayude a mejorar. Puedes incluir versos que apoyen tu oración.

_____   _____

_____   _____

_____   _____

_____   _____

_____   _____

_____   _____

_____   _____

_____   _____

_____   _____

_____   _____

_____   _____

_____   _____

_____   _____

_____   _____

_____   _____

Ora Fervientemente

LA MUJER CRISTIANA COMPRENDE QUE LA AYUDA DEL CREADOR ES ESENCIAL PARA TENER ÉXITO. EN VEZ DE QUEDAR ATRAPADA EN LAS BATALLAS DE LA "CARNE", LLEVA LA BATALLA AL SEÑOR EN ORACIÓN. SE POSTRA DE RODILLAS Y ORA CON FERVOR. PELEA LAS BATALLAS DE ESTE MUNDO BUSCANDO EL ROSTRO DE DIOS. ORA ANTICIPANDO Y EN EXPECTATIVA DE QUE DIOS OBRARA. CREE EN EL PODER TRANSFORMADOR DE LA ORACIÓN Y POR ESO LO TOMA EN SERIO.

NO TE PREOCUPES POR NADA, EN CAMBIO, REZA POR TODO. DILE A DIOS LO QUE NECESITAS Y AGRADÉCELE POR TODO LO QUE HA HECHO.

FILIPENSES 4:6

Escribe aquellas cosas que te afanan, ocasionan ansiedad, por las cuales haz luchado con tus propias fuerzas y entregaselas a Dios en esta hoja. Ora con fe sabiendo que Cristo te escucha y que Dios tiene el control.

Medita en la Palabra de Dios

LA PALABRA DE DIOS DEBE SER NUESTRO
PAN DE CADA DÍA. ES IMPORTANTE
MEDITAR EN LA PALABRA Y ESTUDIARLA
DIARIAMENTE. ES NUESTRO MANUAL
PARA SABER COMO MANEJAR UNA
VARIEDAD DE SITUACIONES EN LA VIDA.
DIOS LA CREO PARA QUE PODAMOS
CONOCERLE Y SEGUR LOS PASOS DE
JESÚS. SIEMPRE RECURRE A LA
PALABRA PUES AHÍ ESTA LA SABIDURÍA Y
EL CONOCIMIENTO QUE DIOS QUIERE
IMPARTIRNOS.

*NUNCA SE APARTARÁ DE TU BOCA ESTE LIBRO
DE LA LEY, SINO QUE DE DÍA Y DE NOCHE
MEDITARÁS EN ÉL, PARA QUE GUARDES Y
HAGAS CONFORME A TODO LO QUE EN ÉL
ESTÁ ESCRITO; PORQUE ENTONCES HARÁS
PROSPERAR TU CAMINO, Y TODO TE SALDRÁ
BIEN.*

JOSUE 1:8

9

Métodos Para Meditar en la Palabra

ESCUCHA CANCIONES CRISTIANAS QUE TENGAN FUNDAMENTO BÍBLICO.

LEE LIBROS QUE ALIMENTEN TU CONOCIMIENTO SOBRE DIOS Y LA MISIÓN DE LOS CREYENTES.

ESTUDIA LA BIBLIA A DIARIO. RECOMIENDO LEER LA BIBLIA CRONOLÓGICAMENTE PARA UN MEJOR ENTENDIMIENTO.

REFLEXIONA EN VERSOS Y PROFUNDIZA EN LO QUE VERDADERAMENTE DIOS QUIERE DECIRNOS A TRAVÉS DE ELLOS.

VE PELÍCULAS CRISTIANAS QUE ALIMENTEN TU ESPÍRITU.

CONVERSA CON UNA PERSONA DE CONFIANZA SOBRE DIOS.

BUSCA LIDERES DE LA IGLESIA QUE PUEDAN ACLARAR TUS PREGUNTAS SOBRE LA PALABRA.

SIGUE CUENTAS SOCIALES QUE COMPARTAN LA PALABRA.

LEE BLOGS QUE EDIFIQUEN TU ESPÍRITU A TRAVÉS DE ESTUDIOS BÍBLICOS.

Busca la Verdad

EN LUGAR DE ESPERAR QUE ESTÉ TOMANDO LAS DECISIONES CORRECTAS EN LA VIDA, LA MUJER CRISTIANA BUSCA LAS VERDADES DE DIOS. ELLA ESTÁ EN UNA BÚSQUEDA CONSTANTE DEL PROPÓSITO DE DIOS EN SU VIDA. YA SEAN HOMBRES, ROMANCE, SUS PLANES FUTUROS O CÓMO AMAR A SUS HERMANOS EN LA FE, BUSCA EN LA PALABRA DE DIOS RESPUESTAS A SUS PREGUNTAS.

Consejo

LEE LIBROS CRISTIANOS SÓLIDOS QUE TE AYUDEN A ESCLARECER ESAS VERDADES BÍBLICAS. CON CUANTA MÁS VERDAD TE LLENES TU CEREBRO, MENOS CONFUSA SE VUELVE LA VIDA. ESTO TE AYUDARA A TOMAR DECISIONES SABIAS Y A CREAR UNA PASIÓN POR LA VERDAD DE DIOS.

SI CLAMARES A LA INTELIGENCIA, Y A LA PRUDENCIA DIERES TU VOZ; SI COMO A LA PLATA LA BUSCARES, Y LA ESCUDRIÑARES COMO A TESOROS, ENTONCES ENTENDERÁS EL TEMOR DE JEHOVÁ, Y HALLARÁS EL CONOCIMIENTO DE DIOS.

PROVERBIOS 2: 3-5

Herramientas Recomendadas

CUALIDADES DE UNA MUJER VIRTUOSA

DIARIO DE ORACIÓN: LEE LA BIBLIA EN 365 DÍAS

AMBOS LIBROS ESCRITOS POR ESTA SERVIDORA QUE SIRVEN COMO HERRAMIENTAS PARA QUE CONTINÚES ACERCÁNDOTE A DIOS.

Haz una lista de otros libros que desees leer

————————————— —————————————

————————————— —————————————

————————————— —————————————

————————————— —————————————

————————————— —————————————

————————————— —————————————

————————————— —————————————

Pelear la Buena Batalla

PELEA LA BUENA BATALLA DE LA FE, ECHA
MANO DE LA VIDA ETERNA, A LA CUAL
ASIMISMO FUISTE LLAMADO, HABIENDO HECHO
LA BUENA PROFESIÓN DELANTE DE MUCHOS
TESTIGOS

1 TIMOTEO 6:12

LA MUJER CRISTIANA SE FORTALECE EN
EL SEÑOR. LA VIDA PUEDE TRAER
MUCHAS PRUEBAS Y OBSTÁCULOS QUE
EN ALGUNOS MOMENTOS PODRÍAN SER
DESMOTIVANTES. ES IMPORTANTE
RECORDAR QUE DIOS NOS LLAMA A SER
VALIENTES. SOMOS MAS QUE
VENCEDORES POR LO QUE JESÚS HA
HECHO POR NOSOTROS.

*TODO LO PUEDO EN CRISTO QUE ME
FORTALECE.*

FILIPENSES 4:13

Reflexión

Se cuida de la Mentiras

*SED SOBRIOS, Y VELAD; PORQUE VUESTRO
ADVERSARIO EL DIABLO, COMO LEÓN
RUGIENTE, ANDA ALREDEDOR BUSCANDO A
QUIEN DEVORAR*

1 PEDRO 5:8

UNA MUJER CRISTIANA NO SOLO BUSCA LA
VERDAD, SINO QUE TAMBIÉN ESTÁ EN
CONSTANTE BÚSQUEDA DE MENTIRAS. ELLA
SABE QUE SUS TRES MAYORES ENEMIGOS
SON LA "CARNE", EL MUNDO Y EL ENEMIGO
POR LO QUE SE MANTIENE ALERTA ANTE LAS
MENTIRAS. NO SE INVOLUCRA CIEGAMENTE EN
EL ENTRETENIMIENTO, SINO QUE EXAMINA
CUIDADOSAMENTE EL CONTENIDO Y LA VISIÓN
DEL MUNDO. ELLA ESTÁ EN CONSTANTE
BÚSQUEDA DE MENTIRAS SOBRE SU DISEÑO
COMO MUJER, MENTIRAS SOBRE DIOS Y
MENTIRAS SOBRE SU VALOR.

*PORQUE TODO LO QUE HAY EN EL MUNDO,
LOS DESEOS DE LA CARNE, LOS DESEOS DE
LOS OJOS, Y LA VANAGLORIA DE LA VIDA, NO
PROVIENE DEL PADRE, SINO DEL MUNDO.*

1 JUAN 2:16

Carta Para Dios

En este espacio reflexiona sobre lo que hemos discutido hasta ahora en este libro. Redacta una carta de alabanza, honra y gloria para el Señor.

_____

_____

_____

_____

_____

_____

_____

_____

_____

_____

_____

_____

_____

_____

_____

_____

Descansa en la Obra de Jesús

LAS CRISTIANAS INSEGUROS SE MIRAN A SÍ MISMAS EN LUGAR DE MIRAR HACIA JESÚS.
UNA MUJER CRISTIANA CONFIADA, POR OTRO LADO, SABE QUE NO SE TRATA DE ELLA SINO DE JESÚS, POR LO QUE DESCANSA EN LA OBRA TERMINADA DE JESÚS. RECONOCE QUE ES SOLO POR LO QUE JESÚS HIZO POR TODOS EN LA CRUZ QUE SOMOS LIBRES; SIN ÉL, NO SOMOS NADA. DEJA DE CONFIAR EN TI MISMO Y MIRA A JESÚS Y LO QUE HA HECHO POR TI EN LA CRUZ.

ESTANDO PERSUADIDO DE ESTO, QUE EL QUE COMENZÓ EN VOSOTROS LA BUENA OBRA, LA PERFECCIONARÁ HASTA EL DÍA DE JESUCRISTO

FILIPENSES 1:6

Recuerda

En este espacio anota momentos, situaciones y eventos en tu vida en las que haz experimentado la gracia de Dios y su ayuda. Anota cada detalle como por ejemplo, si habías orado por eso, si habías intentado resolverlo con tus propias fuerzas, entre otros.

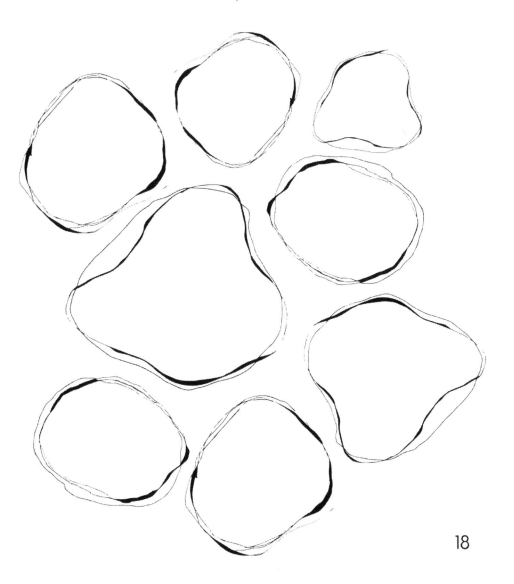

Se Aparta del Mal

APÁRTATE DEL MAL Y HAZ EL BIEN, BUSCA LA PAZ Y SÍGUELA.

SALMOS 34:14

UNA MUJER CRISTIANA ES FUERTE Y CONOCE EL PELIGRO DE COQUETEAR CON LA TENTACIÓN. HACE TODO LO POSIBLE PARA EVITARLA Y LUCHAR CONTRA ELLA. SABE CUÁN MALVADO Y SEDUCTOR ES NUESTRO MUNDO, POR LO QUE SE PREPARA CON ANTICIPACIÓN PARA LA BATALLA. ELLA NO DEPENDE DE SUS PROPIAS FUERZAS, SINO QUE PERMANECE CONECTADA A LA FUENTE DE FORTALEZA, CRISTO, AL CONSTRUIR UNA RELACIÓN DIARIA CON ÉL.

PORQUE EL DESEO DE LA CARNE ES CONTRA EL ESPÍRITU, Y EL DEL ESPÍRITU ES CONTRA LA CARNE; Y ÉSTOS SE OPONEN ENTRE SÍ, PARA QUE NO HAGÁIS LO QUE QUISIEREIS.

GÁLATAS 5:17

Oración Por Dirección de Dios

AMADO PADRE, PRESENTO ESTA ORACIÓN ANTE TI PARA QUE GUÍES MIS PASOS CADA DÍA. AYÚDAME A ANDAR EN TU CAMINO Y NO APARTARME DE EL. PROVEEME EL DISCERNIMIENTO PARA TOMAR LAS DECISIONES CORRECTAS. GRACIAS DIOS POR ESCUCHAR MIS ORACIONES. EN EL NOMBRE DE JESÚS, AMEN.

Su Enfoque está en lo Celestial

PERTENECEMOS A DIOS. ESTE MUNDO Y LAS COSAS QUE HAY EN ÉL SON TEMPORERAS. CONCENTRARSE EN LO QUE EL MUNDO TIENE PARA OFRECER TE HARÁ SENTIR MIEDO Y ANSIEDAD.

LA MUJER CRISTIANA APRENDE A PREOCUPARSE POR LA ETERNIDAD PORQUE LAS COSAS QUE DIOS HA PLANEADO PARA NOSOTROS DURAN POR LOS SIGLOS DE LOS SIGLOS.

PON TU CONFIANZA EN JESÚS, NO EN TI MISMA NI EN EL MUNDO.

¡REFÚGIENSE EN EL SEÑOR Y EN SU FUERZA, BUSQUEN SIEMPRE SU PRESENCIA!

1 CRÓNICAS 16:11

Versículos Para Reflexionar

SI, PUES, HABÉIS RESUCITADO CON
CRISTO, BUSCAD LAS COSAS DE ARRIBA,
DONDE ESTÁ CRISTO SENTADO A LA
DIESTRA DE DIOS.

COLOSENSES 3:1

PORQUE LOS QUE SON DE LA CARNE
PIENSAN EN LAS COSAS DE LA CARNE;
PERO LOS QUE SON DEL ESPÍRITU, EN
LAS COSAS DEL ESPÍRITU.6 PORQUE EL
OCUPARSE DE LA CARNE ES MUERTE,
PERO EL OCUPARSE DEL ESPÍRITU ES
VIDA Y PAZ.

ROMANOS 8:5-6

Busca la Justicia y Rectitud

ELLA AMA EL CORAZÓN DE DIOS. BUSCA LA JUSTICIA Y LA SANTIDAD. SE ESFUERZA POR VIVIR DE ACUERDO CON LA PALABRA DE DIOS. ELLA ENTIENDE QUE SER SANTA SIGNIFICA ESTAR "APARTADA" DE LA CULTURA. EN LUGAR DE SEGUIR LAS TENDENCIAS POPULARES Y LAS MODAS DE LA ÉPOCA, ELIGE PONER SU ESPERANZA Y CONFIANZA EN DIOS. ELLA ORA Y LE PIDE A DIOS QUE LA HAGA MÁS COMO ÉL EN CARÁCTER, PENSAMIENTOS, ACCIONES Y PALABRAS.

PORQUE ESCRITO ESTÁ: SED SANTOS, PORQUE YO SOY SANTO

1 PEDRO 1:16

¿CÓMO PUEDE EL JOVEN LLEVAR UNA VIDA ÍNTEGRA? VIVIENDO CONFORME A TU PALABRA.

SALMOS 119:9

Oración por Santidad

PADRE, GRACIAS POR MI
VIDA. VENGO ANTE TI PARA
ORAR POR SANTIDAD.
AYÚDAME A SER UN REFLEJO
DE TI. QUE MI VIDA PUEDE
SERVIR DE TESTIMONIO PARA
OTROS. MOLDEA MI
CARÁCTER PARA QUE ASÍ YO
PUEDA PERDONAR, AMAR Y
SERVIR COMO TU LO HACÍAS
JESÚS. LLÉNAME DE MAS
PASIÓN POR TI Y POR TU
OBRA. GRACIAS POR
ESCUCHAR MIS ORACIONES.
EN EL NOMBRE DE JESÚS,
AMEN.

Se Enfrenta a lo Difícil

¿CÓMO PUEDE EL JOVEN LLEVAR UNA VIDA ÍNTEGRA? VIVIENDO CONFORME A TU PALABRA.

SALMOS 119:9

EL ÚLTIMO HÁBITO DE UNA MUJER CRISTIANA PUEDE SER VISTO CLARAMENTE A TRAVÉS DE SUS ACCIONES. NO TIENE MIEDO DE HACER COSAS DIFÍCILES POR LA CAUSA DE CRISTO. YA SEA PARA COMPARTIR EL EVANGELIO CON ALGUIEN, DIRIGIR A OTRA MUJER, JOVEN O NIÑA CRISTIANA EN EL ESTUDIO BÍBLICO, GUIAR A UNA MÁS JOVEN A BUSCAR LA SABIDURÍA DE DIOS, MINISTRAR A SU PROPIA FAMILIA O MUCHAS OTRAS COSAS. SU VIDA ESTÁ MARCADA POR SU ARDUO TRABAJO POR CRISTO.

PIENSA EN UNA HERMANA EN LA FE POR
QUIEN PUEDAS ORAR EN ESTE ESPACIO.
PIDE A DIOS QUE TE INDIQUE LA
PERSONA CORRECTA. ORA PARA QUE
SEA GUIADA POR EL ESPÍRITU SANTO
HACIA DIOS.

Versículos Para Reflexionar

LAS MUJERES ASIMISMO SEAN
HONESTAS, NO CALUMNIADORAS, SINO
SOBRIAS, FIELES EN TODO.

1 TIMOTEO 3:11

¡LEVÁNTATE Y RESPLANDECE, QUE TU
LUZ HA LLEGADO! ¡LA GLORIA DEL
SEÑOR BRILLA SOBRE TI!

ISAÍAS 60:1

Sobre la Autora

KEILA VÉLEZ ES LA AUTORA DE *DIARIO DE ORACIÓN: LEE LA BIBLIA EN 365 DÍAS Y CUALIDADES DE UNA MUJER VIRTUOSA*. CRECIÓ EN EL EVANGELIO, FUE MAESTRA DE ESCUELA BÍBLICA PARA NIÑOS Y ADOLESCENTES, Y TUVO EL HONOR DE PODER SERVIRLE A DIOS CON SU VOZ COMO PARTE DEL MINISTERIO DE ADORACIÓN Y ALABANZA POR VARIOS AÑOS.

gwpublishing.com/books